JN440617

이지윤 시인의 아름다운 우화에세이

손님이 찾아오셨습니다

손님이 찾아오셨습니다
이지윤 시인의 아름다운 우화에세이

초판 발행 2021년 12월 25일
초판 인쇄 2021년 12월 30일

지은이 이지윤
펴낸이 신현운
펴낸곳 연인M&B
기 획 여인화
디자인 이희정
마케팅 박한동
홍 보 정연순
등 록 2000년 3월 7일 제2-3037호
주 소 05052 서울특별시 광진구 자양로 56(자양동 680-25) 2층
전 화 (02)455-3987 팩스(02)3437-5975
홈주소 www.yeoninmb.co.kr
이메일 yeonin7@hanmail.net

값 10,000원

ISBN 978-89-6253-523-5 03810

이지윤 시인의 아름다운 우화에세이

손님이 찾아오셨습니다

마음을 비춰 주는 거울을 들고…

연인M&B

| 서문 |

이 세상에 손님으로 와서
주인으로 살아가는 사람들.
이제 사람들보다
말 못하는 자연을 더 바라보게 됩니다.
말 못하는
짐승, 나무, 풀…
그들과 대화하며
더 깊어집니다.
이제 가볍고, 욕심 많은 사람보다
말없이 우리에게 다 주고 가는
자연의 모습을
닮아 갑니다.
주고도, 또 주고도
사람은 줄어들지 않습니다.
어떤 모습이 진정
아름다운지 알게 될 나이에 쓴
우화집을
사랑하는 모든 분께 두 손으로 드립니다.

2021년 12월

이지윤

| 차례 |

이지윤 시인의 아름다운 우화에세이

손님이 찾아오셨습니다

마음을 비춰 주는 거울을 들고…

태양은 가득히

온 마을에 태양이 가득한 늦가을입니다.
노랗고, 빨갛게 물든 나뭇잎이 어찌나 아름다운지!
사람들은 모두 겸손한 눈빛으로 가을 나무를 올려다봅니다.
담배를 피우며, 커피를 마시며
생각에 젖어 있는 사람은 많아도
다투는 사람은 별로 없는 만추입니다.
한 아파트에서 10년 넘게 살아가는 비둘기와 고양이.
어느 날 함께 해바라기하며 대화를 나누고 있었습니다.

"얘!
'구구'야.
너는 나와 친구 사이지."
"그럼! 나는 너밖에 없어."
"그래. 고맙고, 다행이다.
그런데 네 고양이 친구 '샛별'이 있잖아?
그 아이는 그토록 잘났니?"

"왜?"
"그 '샛별'이는 거의 매일 거짓말을 하고
그 거짓말을 사실이라고 믿고 있어.
자기가 호랑이래.
호랑이 새끼가 조만간 자라서 동물원으로 갈 거래."
"그런 거짓말을 다 하든?
물론 고양이와 호랑이는 같은 과(科)야.
그렇지만 고양이가 호랑이 새끼는 아니지."

"샛별이가 그렇게 거짓말을 잘하는 줄 나는 몰랐어.
아! 바로 그 증상이다.
재능 있고, 매력 있는 사람이
습관적으로 거짓말을 할 뿐 아니라
자신이 한 거짓말을 사실이라고 믿는 '리플리 증후군'이 있대.
미국 작가 퍼트리샤 하이스미스가 1655년에 쓴 소설
「재능 있는 리플리씨」라는 책 이름인데…

알랭 드롱이라는 배우가 〈태양은 가득히〉라는 영화에서
리플리 역을 맡았었나 봐.
사람들 속에 리플리 증후군이 있는 사람이 꽤 많은가 보더라."

"음… 그래?
거짓말을 밥 먹듯 하는구나.
아직 너한테 사기친 일은 없었지?"
"그럼, 그런데 리플리 증후군처럼
거짓말을 잘하는 18세기 독일에 실존했던
뮌하우젠이라는 남작이 있었는데
리플리 증후군은 자신의 만족을 위해 거짓말을 하지만
'뮌하우젠 증후군'은 다른 사람의 관심을 받고 싶어
거짓말을 하는 거래.
실제로는 몸에 이상이 없는데도
오로지 남의 관심을 끌기 위해
질병에 걸렸다고 거짓말을 하고

자해(自害)하는 증상이라는구나.

그런데 '구구'야.

사람들은

거짓말을 한 번도 안 하고 살 수 있을까?"

"글쎄…

한 번도 거짓말을 안 하고도 살아갈 수 없겠지.

사람은 80평생 살면서

정직하게만 산다면

그이는 정말 훌륭한 사람인데…

아마도 그런 사람은 거의 없을 거야.

누구에게 물어볼까?"

"글쎄…."

'구구'와 '백냥'이는 아무리 생각해도

물어볼 사람이 없다고 생각하며

각자 집으로 돌아갔습니다.
겨울이 오나 봅니다.
바람이 제법 차가워졌습니다.
오늘 지나고 태양이 가득할 내일
또 생각해야겠습니다.

결혼의 조건

재색 두루미는 개울가에
늘 혼자 서서 무슨 생각을 하는지…
그 아이는 무엇을 잡아먹을까? 생각한다며
아이들이 웃습니다.
"아니야!
재는 혼자 살기가 너무 외로워서 결혼을 할까?
궁리하고 있는 거야."
"아니야.
우리 고모가 그러는데 혼자 사는 게 훨씬 낫대.
결혼하면 신경쓸 일도 많고
아이 낳으면 직장 다니기도 힘들고…
혼자 사는 게 훨 낫다고 했어."
"그래?"

아이들은 꽃길을 걸으며
재두루미가 혼자 서 있는 풍경을 얘기합니다.

어떤 두루미 할머니가 아이들 말을
듣고 이렇게 말씀하십니다.
“결혼은 해도 후회
안 해도 후회
그러니까 해 보고 후회하는 게 더 나아.”

아이들은
입을 삐죽거리며 달려갑니다.
“우린 결혼하기에 너무 어려요.
자라서 굳이 결혼한다면…
학벌이나 가문보다
성품이 좋아야 될 것 같아요.
한 방향을 바라보고
식성도 비슷하고
서로 북돋아 주는 사람.
그런 사람이 좋을 것 같아요.”

"〈결혼은 작사이고 이혼은 작곡〉이라는 드라마도 있더라?"
"그게 무슨 뜻인지 우린 아직 몰라요."

그때 재두루미는 우아하게 날아갑니다.
어디로 가느냐고요?
글쎄요.
원룸으로 가겠지요.
혼자 사니까.

결혼의 조건은
서로 친구 같아야 해요.
오랜 세월 함께 가는 친구!
그 이상은 모르겠어요.
이제 해가 넘어가고 어둠이 커튼처럼 내려앉습니다.
밤이 오고 있습니다.

때를 놓치면 기차는 떠나고…

"공부도 때가 있고, 농사도 때가 있고 결혼도 때가 있단다."
부엉이 아저씨는 초승달이 뜬 밤에
부엉이들과 산새들을 모아 놓고 강연을 합니다.
"너희들은 아직 모르겠지만
때를 놓치고 발버둥치며 울어 본 우리는 안다.
모든 게 때가 있다는 것을."
"아마 때를 놓쳐도 될 거야. 또 때가 올 테니까."
어린 부엉이들은 꾸벅꾸벅 졸면서 중얼거리고
늙은 부엉이들은
"에잇! 또 저 소리. 듣기 싫어.
우리는 이제 살날이 얼마 안 남았거든."
그래도 새겨듣는 새와 너구리가 있었으니 다행입니다.

언젠가 첫눈이 내리던 날.
역에 가서 기차를 타려다 그만 놓치고
애달파한 적이 있었거든요.

아, 조금 일찍 와서 기다리고 있어야 했는데…
떠나가는 기차의 꽁무니를 보며
기적 소리를 들으며 얼마나 후회했던가.
때는 우리를 마냥 기다려 주지 않는다.
80세 넘어 수능시험을 보신 할머니도 계시지만
늦은 나이 돋보기 쓰고 앉아
공부하는 모습이 훌륭하다 느껴지지만
너무나 늦은 것은 한탄이 감탄보다 더 길다.

때를 놓치면 기차는 떠날 수밖에 없다.
친구가 하늘나라로 떠나기 전 부모님께서
하고 싶다 하신 일 놓치지 말고 만나고, 해야 한다.
그래야 '후회'라는 유령이 남지 않는다.
때맞춘 식사가 건강을 챙기고
때맞춘 시계가 기차를 챙겨 준다.

황혼 증후군

'햇살'이라는 반려견이 있습니다.
나이가 열두 살 된 '햇살'이는
그 어떤 강아지보다 예쁘고, 품위 있고 사랑스럽습니다.
그런데 요즘 황혼녘이 되면, 어둑어둑해지면
'햇살'이는 가슴 저미는 울음을 웁니다.
가만히 창밖을 내다보기도 하고
무슨 생각인가에 골똘히 잠겨 있기도 합니다.
옛날 할머니들이 아무 말씀도 없이
어디론가 응시하고 계시던 그런 모습 같다고 할까!
오래 강아지를 사랑으로 키워 온 의상 디자이너가
이렇게 얘기합니다.

"아! 그건 일종의 가벼운 치매 증상일 거예요.
사람도 그렇잖아요?
황혼 무렵 알 수 없는 슬픔이 밀려오고,
아무런 말도 하기 싫은 증후군.

'황혼 증후군' 같아요.
친구도 하늘나라로 갔고
혼자서 늙은 부모와 사니 더 그럴 거예요."

동물병원 원장은 웃으며 알려 줍니다.
햇살을 받으며 산책을 1시간 이상 함께하면
황혼병이 사라질 것이라고.
유치원에서 33년 만에 은퇴한 엄마와
산책을 자주 해야 사라질 것이라는 '황혼 증후군'
이제 정말 노력해야겠습니다.
우울해 보이는 반려 강아지와 시인 엄마.
그 둘을 위해서도
낮에 많이 걸어야겠다고
아빠는 결심합니다.

우애 없는 백조들

호수에서 일곱 마리의 백조가 노닐고 있습니다.
우아하게 헤엄치고 있지만…
물 밑으로는 부지런히 다리를 놀려 헤엄쳐 나갑니다.
어떤 현상도
보이는 것과 보이지 않는 부분이
많이 다를 수 있습니다.
늙은 백조들은 돌 위에 앉아
수영하고 노는 백조 일곱 마리를 바라봅니다.
하얀 백조는 정말 품위 있고 아름답습니다.
하지만…
일곱 마리 백조는 남매들인데
영- 사이가 좋지 않았습니다.
먹이를 나눠 먹는 법도 없고
다른 큰 새가 날아와 해코지해도
서로 편들어 싸우지 않고 그냥 자기만 챙깁니다.
늙은 할머니, 할아버지 백조는

"저 아이들은 암만 봐도 한 형제 같지가 않아요!
다른 형제들은 물고기 한 마리도 나눠 먹던데…
우애가 없어요."
"쟤들 엄마, 아빠가 잘못 키웠나 봐요. 쯧쯧쯧."
혀를 차는 소리가 해 지는 호숫가를 울립니다.

우애란 어릴 적 교육의 힘으로 좋아지기도 하지만
저렇게 다 자라서는 어렵겠지요?
해가 저물고
다른 새들도 떼 지어 날아가고
우아한 백조 일곱 마리도
한 마리, 두 마리 연달아 집으로 갑니다.
우애 없는 백조님들!
내일은 좀 더 사이좋은 형제가 되세요.
하늘에서 별들이 소리칩니다.
우애 없는 백조들도

달라질 수 있을까요?

글쎄요.

될 것 같기도 하고 안 될 것 같기도 하고…

상담 선생님께 물어봅시다.

어릴 때, 교육을 못 시켜서…

때를 놓쳐서….

두 가지 큰 저울

토끼들은 순하고, 예뻐서
사람들의 사랑을 많이 받습니다.
꾀도 많아서 토끼 간을 빼먹으려는
용왕을 피해 달아나기도 합니다.
세상에는 쓰레기를 함부로 버리는 사람.
늘 줍고 다니는 사람.
사람을 잘 믿는 사람.
잘 의심하는 사람.
베풀기를 좋아하는 사람.
받기를 좋아하는 사람.
대체로 세상일은 두 가지로 나뉘는 듯하다고
토끼들은 생각합니다.
세상에는 두 가지 큰 저울이 있습니다.
옳은 것과 그른 것이라는 시비(是非)의 저울.
다른 하나는 이익과 손해라는 이해(利害)의 저울.
이 두 개의 저울에서 네 가지 등급이 생깁니다.

최상의 것은 옳은 것을 지키면서 '이익'도 얻고
다음은 옳은 것을 지키다가 '손해'를 봅니다.
최하는 그릇된 것을
추구하다 손해를 보는 것입니다.
예쁘고 꾀 많은 토끼들은
가슴에 저울을 지니고 다니며
큰 눈을 또로록 굴리며 생각합니다.
나는 과연 저울에서 어떤 등급이 나올까?
옳은 것을 지키면서
손해도 보고, 이익도 보니
최상도 아니고 최하도 아닙니다.
중간 등급입니다.
중간이 좋습니다.

양가감정(ambivalence)

두 마음이 동시에 일어날 때가 있습니다.
사랑하는 엄마가
좋았다가 싫어지기도 하고…
동시에 두 마음을 가지는 내가
혐오스러울 때가 없지 않아 있습니다.
어떤 사물이나 사람에 대해
긍정적인 감정, 부정적인 감정을 모두 갖고 있는 상태.
누구나 그럴 수 있습니다.

사슴 한 마리가 바위에 앉아 생각합니다.
'나는 왜 때때로 두 마음이 동시에 드는 것일까?'
기린 의사 선생님이 지나가다가 이렇게 얘기합니다.
"사슴아! 그건 병이 아니야. 누구나 그럴 수 있단다."
사슴은 그제서 일어나 뛰어갑니다.
두 개의 과일을 먹듯이
생각도 두 개를 한꺼번에 할 수 있단다.

한꺼번에 세 개의 생각은 못하나?
사슴들이 깔깔 웃으며
들판을 뛰어갑니다.
큰 걱정을 덜었습니다.

두더쥐들

뒷산에서는 두더쥐들이 흙을 파고, 또 파고 야단났습니다.
'햇살'이는 열두 살 된 반려견 강아지인데…
흙을 파고 또 파내는 두더쥐들이 이상하다고 생각합니다.
왜 그럴까?
유난히 눈이 크고 예쁜 '햇살'이는
이유를 몰라 가슴이 답답합니다.
"너는 몰라도 돼.
너는 네 엄마 아빠가 고급진 사료를 주고, 고기를 주니
우아하게 산책이나 하며 살지만…
우리는 그렇게는 못 살거든.
땅속에 숨겨진 보물을 찾아야 해."

보물?
'햇살'이는 보물이 무엇인지 모릅니다.
두더쥐들은
"흥! 네가 무엇을 알겠니?

엄마 아빠와 드라이브나 하고
재밌는 TV 프로나 보고 사는 네가 뭘 알아?"
두더쥐는 투덜거리며 또 땅을 파헤칩니다.
진실을 찾는다고 야단입니다.
사실을 찾아야 한다고 야단입니다.
그렇게 파헤친다고 거짓이 진실로 나타나지는 않을 텐데…
오히려 더 큰 거짓이 되어 나올 텐데…

두더쥐들은 매일매일 하는 일이 파헤치는 일입니다.
진실과 사실을 찾아내는 '기자'가 꿈이랍니다.
거짓말을 파헤치며
더 큰 거짓말이 되면 어쩌나요?

입만 열면 악취가…

뒤뚱뒤뚱 걷는 오리 아주머니는 이제 꽤 늙었습니다.
항상 꽥꽥거리며 집안을 시끄럽게
휘젓고 다니는 오리 아주머니.
그녀는 입만 열면 악취가 납니다.
양치질을 안 해서가 아니라 늘 남의 험담만 하니
나쁜 냄새가 나는 것입니다.
뻐꾸기는 늘 뻐꾹! 뻐꾹! 울고
소쩍새는 솥이 작다고 울고
참새는 쥐방울만한 게 진짜 새라고 뻐기고
비둘기는 구구구 울고
까치는 깍깍 울고
까마귀는 끽끽 울고…

"아이고! 듣기 싫다니까.
우리 오리들은 뒤뚱 걸어도
알도 잘 낳지, 사람들 몸에 좋은 고기도 주지…

닭보다 오리지.
알도 크고, 사람들 혈관에 이롭지."

오리 아줌마도 세월이 흘러
할머니가 되었지만
여전합니다.
입만 열면 꽥꽥, 험담을 합니다.
어느 날에는 은행나무를 도끼로 쳐 베어야 한다고
또 어느 날에는 저 혼자 고상하다고
홀로 된 사랑초를 뜯어 버립니다.
그 할머니 입에서는
뱀, 구더기, 황소, 개구리가 튀어나옵니다.
징그럽고, 무섭습니다.
어느 날에는 자기 남편도 물어 죽이고 싶다고 하질 않나
정말 그 오리 할머니는 무서운 입을 가졌습니다.
눈만 뜨면 남을 헐뜯던 오리 할머니.

이제 그녀는 걸음도 잘 못 걷고
기운도 없어 누워만 지냅니다.
왜 그녀는 한평생 남 험담만 하다가
이 세상을 떠나야 하는지…
그러지 마세요.
말리는 다람쥐를 보며 건방지다며 소리치다가
심장이 정지되었습니다.
그렇게 오리 할머니는 세상을 떠나고
세상이 조금은 조용해졌습니다.

마중물

어릴 적 어머니가 시장에 가시면 돌아오실 무렵.
우리 형제들은 엄마가 보고 싶고
장에서 사 가지고 오실 물건이 보고 싶어
마중을 나갔었습니다.
도착하는 버스를 기다리며
가슴을 두근거리며 기다리던 사 형제.
그들은 모두 60세를 넘어가며 할아버지 할머니가 되어
마중 나갈 일도 없이 속절없이 늙어 갑니다.

어린 시절 살던 집에 펌프가 있었습니다.
한 바가지 물을 조금씩 부어 가며
펌프질을 하면 물은 위로 올라와
쏴–아 쏟아졌습니다.
그 물로 더위도 식히고, 과일도 씻고, 채소도 씻어
먹을거리를 만들었습니다.
이제는…

누군가 사는 것이 너무나 팍팍할 때
그의 마중물이 되려 합니다.

나만을 위한 일이 아니라
사막을 타박타박 걷는 낙타 같은 이웃에게
한 바가지의 마중물이 되고 싶은 시절입니다.
나만 잘 사는 사람이 아니라
함께 목마르지 않게, 춥지 않게 살려는 아름다운 삶.
그런 삶을 모색합니다.
마중물은 정말
맑고, 단 물입니다.

엄마의 두 얼굴

어떤 원숭이가 두 마리의 새끼를 키우고 있었습니다.
둘 중 동생 원숭이는 늘 안고 다녔습니다.
충분히 걸을 수 있는데도 늘 가슴에 안고 다녔습니다.
큰 원숭이는 늘 혼자 먹이를 찾았고
혼자 산속을 헤맸습니다.
당연한 줄 알았습니다.
그런데 그 엄마 원숭이의 사랑은
당연한 게 아니었습니다. 편애였습니다.

어느 날 원숭이 나라에 전쟁이 나고
우왕좌왕하며 난리였습니다.
큰 원숭이는 항상 혼자 다니며 먹이를 찾고,
친구와 함께 살아왔기에 그 난리 속을 잘 피할 수 있었지만
엄마가 늘 안고 다닌 작은 원숭이는
그저 엄마와 한 몸처럼 움직였습니다.
엄마가 곧 자기였고, 자기가 곧 엄마였지요.

전쟁 속에서 그 엄마가
새끼 원숭이를 안고 있다가 떨어뜨리자
그 새끼는 땅에 떨어지고 죽고 맙니다.
혼자 할 줄 아는 것이 없었기 때문입니다.
엄마 원숭이가 '혼자 살아갈 힘'을 가르쳤다면
살아서 자유롭게 헤쳐 나갔을 원숭이.
그 엄마의 편애가 그 원숭이를
제대로 살아갈 수 없게 만든 족쇄였습니다.
엄마의 편애가 얼마나 엄청난 잘못인지…
숲속에서 일어난 일입니다.

저울에 모성애를 달아 자식에게 줄 수는 없겠지만
공평한 모성애가 건강한 자식을 길러 냅니다.
엄마라는 이름으로 저질러진 만행입니다.
엄마의 사랑도 공평하고, 공정해야 합니다.

다슬기와 반딧불이

논산시 양촌면에는 물이 좋아
여름에는 아이들의 물놀이가 한창입니다.
대둔산에서 흘러온 물은 차고도 맑았으니까요.
그래서인지 그 개울에는
다슬기들이 올망졸망 많이 살고 있었습니다.
다슬기는 삶아서 살을 뽑아내어 먹으면 건강에 좋다고
어른들은 삶은 물로 요리해 먹기도 했지요.

청정수 맑은 물에만 사는 다슬기.
그 다슬기를 먹고 자라는 반딧불이.
초여름이면 무주에서는
반딧불이 축제를 여는데
양촌에도 반딧불이가
반짝반짝 날개를 펴고 나는 6월경에는
무도회가 벌어질 듯 아름답습니다.
"도깨비불이다!"

아이들은 소리지르며 반딧불이를 따라다니는 밤.
하늘에서는 별들도 웃겨 쳐다봅니다.

다슬기를 먹고 자란 반딧불이.
오래 살지는 못해도
그 아이들의 축제는
삶에 지친 어른들을 달래 줍니다.
"너무 괴로워 마세요. 우리가 있잖아요?"
다슬기가 살지 않는 곳에는
반딧불이도 없습니다.

우리에게도 희망이 없다면
미소도 지을 수 없습니다.
반딧불이에게, 사람에게
자기를 내어 주는 다슬기가
고맙기만 합니다.

먹을 때 목이 멥니다.
하긴 우리 사람들에게
자기의 모든 것을 바치는
생물이 한두 가지가 아닙니다.
그들에게 고마움을 전합니다.
모두 고마워요!

산(山)에 있는 종합병원

할머니는 늘 이곳저곳이 아프다고
하소연을 하십니다.
겉으로는 잘 모르겠어서
이 병원 저 병원 모시고 다닙니다.
가는 병원마다 병명을 모르겠다!고 합니다.
그런데도 할머니는 오늘도 아프다!고 하소연하십니다.
잠도 잘 주무시고, 식사도 맛있게 드시는데
참 어찌할 바를 모르겠습니다.
어느 날 이웃에 사는
산림(山林)치유하시는 분이
이렇게 얘기합니다.

"숲으로 자주 가세요.
숲은 몸과 마음을 치료하는 종합병원입니다.
숲에는 메스도, 약도 없는
향기 나는 종합병원입니다.

의사도, 약도 없어요.
자연이 준 종합병원입니다.
숲으로 자주 가 보세요.
틀림없이 할머니의 병이 사라질 거예요."

그래요? 할머니는 그다음 날부터
틈만 나면 뒷산으로 갑니다.
단풍도 어찌나 고운지!
새들의 노랫소리는 또 얼마나 예쁜지
트롯보다 더 좋습니다.
바람은 얼마나 상쾌한지.
산에 누워 하늘을 봅니다.
쪽빛 하늘에 구름이 흘러갑니다.
'나는 왜 욕심만 부리고
심술도 부리며 살았을까?'
할머니는 그날부터

아프다는 소리를 내뱉지 않습니다.
산에서 주워 온 나뭇잎에
편지도 쓰고, 일기도 씁니다.

전국에 종합병원 안 가 본 곳 없는데
고칠 수 없는 할머니의 병은 '외로움'이었습니다.
이제 산에 가면 다람쥐도 있고, 청설모도 있고
맛난 열매도 있고, 마음의 평화도 있습니다.
할머니를 보고 사람들은 놀랍니다.

"무슨 약을 드셨어요?
어느 병원에 다니세요?
어떤 피부과에 다니세요?"

할머니는 그저 웃습니다.
"산이라는 애인이 생겼어요.

숲이라는 친구가 생겼을 뿐입니다."

요즘 할머니는 몇 살은 젊어 보이십니다.
숲은 최고의 종합병원입니다.
누구나 갈 수 있어요.
마스크 벗어도 된다네요.
사람들은 너무나 병원을 좋아합니다.
병원비가 너무 싸서 그런가요?

시간은 꽃이다

나이가 더해 갈수록 시간의 속도는 빨라집니다.
60대의 시간부터는 가속도가 붙는다고 합니다.
60대는 60km로
70대는 70km로
하루하루가 다르다는 것입니다.

벌써 이 나이가?
생각이 꽃이라면, 언어는 꽃봉오리.
행동은 그 뒤에 있는 열매라는 사실을
깨닫기까지 오래 걸립니다.
그 사람의 생각은 많이 쓰는
언어를 통해 엿볼 수 있고
행동으로 나타나면
아! 그의 사상이나 이념도 알게 됩니다.

늘 얼굴 관리만 생각하는 여인.

그 여인은 그게 인생입니다.
얼굴을 아무리 가꾸어도
아름다움은 그녀의 것이 아닙니다.
항상 그 여인은 남을 헐뜯고, 세상을 비평하고
남을 속여 이득을 취하려 하니
그는 아름다움에서 낙제입니다.

피부관리에서만
'아름다움'이 꽃피나요?
그의 말과 행동에서
꽃피는 것, 열매 맺은 것
그 사실을 모르니
피부관리실만 들락거립니다.
가엾은 여인입니다.

한 나무

뿌리는 같은데…
가지들끼리 늘 다툽니다.
학교문제로, 재산문제로…
어려서는 콩 한 알도 나눠 먹던 남매들인데
자라면서는 최초의 라이벌로 여기고
틈만 나면 흉을 보고, 헐뜯는 가지(枝)들.

열다섯 개의 가지만 남았는데…
아직도 그 가지는 서로에게
웬수라고 합니다.
단점만 들추고 흔들어 댑니다.
대추나무입니다.

어느 날 그 대추나무 밭이 황량합니다.
주인 아저씨가
서로 싸우는 대추나무가 많다고

다 가지를 잘라 버렸습니다.
과연 그들이 이제 개과천선할까요?
서로 도우며 크고 달디단
대추를 열리게 할까요?

다른 나무와 경쟁을 하지
왜 한 뿌리에서 올라온
형제 가지들이 싸울까요?
이유를 모르시나요?
서로 제 가지가 최고라네요. 호호.

우스꽝스러운 한 나무.
이제 그 나무도 늙었는데…
언젠가 서로 사랑하며, 칭찬하며
큰 대추를 열게 할까요?

잘 모르겠습니다.

날아왔던

새 한 마리!

포르르 날아갑니다.

두 그루 은행나무

양촌이라는 시골은
햇볕이 유난히 잘 들고, 따뜻해서
딸기농사가 잘 되고 맛도 뛰어나
어디서나 인기였습니다.
그 마을에는 사람 보기가 힘들었습니다.
왜냐구요?
딸기농사, 상추농사 짓느라
비닐하우스에 들어가 있어 사람 보기가 힘들고
거의 다 60이 넘은 노인들만 살았습니다.
자식들은 모두 큰 도시로 가서 대학을 마치고
그곳에서 취직, 결혼해서 살고 있기에
아이들 보기도 쉽지 않았지요.
다문화가족들도 꽤 있었습니다.
그런 마을에 어머니가 돌아가시자
은퇴하고 돌아온 고급공무원도 있고
몸이 아파 고향으로 돌아와

병을 다스리는 사람도 있었습니다.

새들이 떼 지어 날고 햇살이 가득한 동네 양촌(陽村).
그곳에 대학에서 정년퇴직하고
집 짓고 사시는 명예교수도 계시고
법제처에서 고위층에 계시던 훌륭한 분도 계시고
유치원을 33년이나 운영하던 詩人도 계십니다.
그 마을에 있으면 머리가 안 아프고
복잡하던 생각이 정리가 되어
두통약이 필요 없다며
여류시인은 행복해합니다.

범죄가 없는 마을.
딸기 맛이 최고인 마을.
그 마을에 시인이 집을 지었습니다.
호박돌로만 지었습니다.

창도 둥글게 만들었습니다.
정원은 따로 없어도
온통 그 시인의 정원입니다.

산으로 둘러싸여
대나무, 소나무, 편백나무, 뽕나무, 모과나무… 회화나무
그중에 감나무가 제일로 많이 있지요.
감이 열리면 어찌나 예쁜지!
바라만 보아도 행복했습니다.

마당에 두 그루 은행나무가 100년이 넘었다는데
한 번도 은행이 열린 적이 없었답니다.
왜냐하면 너무 가까이 심어서…
좀 떨어져 있어야 열매가 열린다는데…
좀 거리가 있는 곳에
첩(妾) 나무를 심으면 열린다는데…

시인은 그것을 못합니다.
아니 하지 않습니다.
둘이 그토록 다정하게 오랜 세월 살아왔는데
첩나무를 심는다는 것은
참으로 잔인하고, 유치하니까요.
은행은 필요 없고…
늦가을에 노랗게 물든 나뭇잎이 떨어져
카펫처럼 쌓이면
그게 그토록 아름다우니 뭐가 부럽겠어요?

그 은행나무처럼
노(老)교수와 시인은 늙어 갑니다.
남들 보기에도 아름답게 말입니다.
너무 가까워도 안 되는 관계가 있나 봅니다.
은행나무처럼!

창문을 닦아요
–강아지와 비둘기

주변에 아파트 리모델링이 한창입니다.
어떤 세대는 두 달 동안이나 리모델링해서
10년 넘은 집이 새 집처럼 변했습니다.
동일 평수의 새 아파트보다 집값이
한결 저렴했고, 출퇴근이 원활한 동네라
그 집을 사서 대대적으로 뜯어고쳤습니다.
이웃이야 시끄러워 소음을 피해
밖으로 나갔다 오곤 했지만
집안에 머무는 시간이 많은 나이 드신 70대 노인들은
괴로워 귀를 손으로 막고 지내시면서 주름살이 더 늘었습니다.
"아이구, 저 두드려 부수는 소리!"

내력벽만 빼고 모두 부수고 리모델링할 수 있는 것이
공동주택의 관리 규약이라네요.
10년 만 넘으면 집 성형에 바쁜 곳이 많다니!
참 아깝다는 생각이 듭니다.

가뜩이나 코로나19로 우울한데…
강아지들도 시끄러운 소음에
병이 들어갑니다.
귀가 안 들려 병원에 가도
원인을 모른다고 합니다.
새 소리나 단풍 떨어지는 소리는
낭만적이고 시를 쓰게 하지만…
집을 부수는 소리는 귀가 아프고 가슴이 아팠습니다.

집을 지으며 수고한 사람들의 땀이 눈물로 흘렀습니다.
우리집 강아지 '햇살'이와 친한 새들이 날아와 위로해 줍니다.

"햇살아! 너무 시끄럽지? 우리 따스한 햇살이!
괴롭지? 우리가 우리 날개로 먼지 덮힌 창(窓)을
깨끗하게, 말갛게 닦아 줄게."

비둘기 두 마리가 날개로 먼지 쌓인
창을 닦기 시작했습니다.
'햇살'이의 맑고 예쁜 눈이 반짝반짝 빛나고 있습니다.
말할 수 없이 비둘기들이 고맙습니다.

'햇살'이 엄마는 유난히도
소음, 먼지 싫어하시는데…
비둘기 덕분에 조금 행복해지셨습니다.
세상은 더럽히는 사람과
닦아 주는 새들이 함께
살아갑니다.
그래서 새들이 아름답습니다.

그럼에도 불구하고…

희망이라는 말은
희망 속에만 있지 않는다.
희망은 비관 속에서
끝내 피어나는 꽃이다.
그 꽃에 이름이 있다면
'그럼에도 불구하고'일 것이다.

온몸이 아프고 일어나 걸을 힘조차 없을 때.
사랑하는 사람에게 지독한 모욕을 겪을 때.
가슴의 상처로 붉은 약을 가슴에 바르고 싶을 때에도
그럼에도 불구하고 희망을 품고 한 송이 꽃을 피워 낸다.
그렇게 피워 낸 꽃이 수만 송이!
그 꽃밭에 누워
희망을 다시 품는 생활인.
그대 이름은 詩人이다.

벨라피구라

이태리어(語)로
아름다운 모습을 벨라피구라라고 합니다.
아름답고, 매력 있고, 센스 넘치는 사람, 나답다라는
뜻이 들어 있습니다.

아름다운 사람이란
나를 보여 주는 사람.
자기 자신과 서먹하지 않는 사람.
무척 가까운 사람.
절망 속에서도 나를 지키는 강인함.
포기하지 않고 지치지도 않는 마음.
그것이 아름다움을 구성하는
황홀한 성분입니다.

내 안의 중심(中心)을 잃지 않고
마땅히 해야 할 것을 꾸준히

해내는 사람은 아름답습니다.
달빛의 충고를 들으며
오늘도 아름다웠던 한 사람
잠이 듭니다.
베란다 창에 모이 그릇을 놓아 둔
마음이 예쁜 사람이
잠들자 비둘기도
어디론가 날아갑니다.
아마도 자기 둥지로 날아가
잠을 청할 것입니다.

늙은 부모에게

어떤 청년 사슴은 늙어 거동도 못하는 사슴을
목을 졸라 돌아가게 (아버지를~) 했다고 합니다.
신문을 읽던 사슴들은 아이고! 말세야.
병든 애비를 목졸라 죽이다니…
젊은 사슴 한 마리가 그 말을 듣고

"그게 아니에요.
아버지가 가난한 아들이 자기 때문에
지극정성인데 취직도 못하고
눈물로 하루하루 보내니
너무 불쌍해서 곡기를 끊고
돌아가신 거래요."
"그래? 아이고, 효자구나!"

늙은 사슴들은 모두 걱정입니다.
더 늙어 돈도 못 벌 때 아프면 어찌하나?

요양원에서도 돈이 꽤 있어야 한다는데…
막 때리는 간병인도 있다는데…
하루하루 늙어 가는 몸에
가을 햇살이 살포시 내려앉습니다.

“사슴 아저씨!
뿔을 잘라 팔면 돈이 되잖아요?”
“그렇긴 한데 그 돈은 아들 장가가는데 써야 하고
그 애들은 장가들면 어딘가로 이민 간다고 했거든.
할머니는 봄에 돌아갔고
나 혼자 살다가 독거사(獨居死)하면 어쩌지?
시립 양로원을 알아봐야겠어.”

젊은 사슴은
턱을 괴고 생각해 봅니다.
늙으면 혼자 사는 사슴이 많던데…

사슴나라에서
시골에 큰 집을 짓고
할머니 할아버지 사슴들이
모여 살게 하면 좋으련만.
농사도 지으면서…
덜 외롭고 좋을 텐데…

젊은 사슴은 시장님께 편지를 씁니다.
—늙은 사슴들이 모여 사는
'사슴천국'을 만들어 주세요. 시장님.
꼭 부탁드립니다.
며칠 후 편지를 받은 시장님은
답장을 보내왔습니다.
—늙은 사슴천국 꼭 만들겠으니 기다려 주십시오.

와! 우리는 이제

늙어도 외롭지 않겠다.
사슴들은 기뻐서 눈물까지 흘립니다.

사람에게 피와 뿔을 바친 사슴들.
그 사람들에게 일도 있고
친구도 있는 천국이 생긴다니!
가슴 벅찹니다.
시장님! 만세!

어리석은 호랑이

한국에만 있는 호랑이가 점점 줄어든다고 합니다.
보기만 하여도 오싹 소름이 돋는 호랑이.
어흥!
어슬렁어슬렁 호랑이만 나타나면
다른 동물들은 무서워 달아나거나 몸을 조아리며
호랑이 마음에 들려고 야단입니다.
"어흥!
이 세상에 나처럼 잘 생기고, 힘이 센 동물이 또 있더냐?
더 맛있는 고기를 잡아다 바쳐라."

짐승들은 호랑이의 눈치를 살피느라 야단입니다.
저놈은 좋은 동물원에 있지도 못하고
매일 숲속에서 도토리나 줍는 놈.
저놈은 깡총깡총 뛰면서 도망가기 바쁜 놈.
저놈은 나를 피해 날개를 펴고 하늘을 날아가지만…
보잘것없는 까마귀야.

호랑이는 늘 작은 짐승들을 깔보며
숲속 호텔 뷔페집에서 맛난 음식으로 배를 채웁니다.
그렇게 하루, 이틀, 사흘.
한 해, 두 해 흘러가고
호랑이도 늙었습니다.
호숫가에 가서 자기 얼굴을 비춰 보니
축축 처진 눈매며 헝클어진 털이며
영— 마음에 안 드는 늙은 호랑이일 뿐…
어느 가을날 몹시 아파
병원에 가니 몹쓸 병에 걸렸다고 합니다.

자기가 숲속의 왕이라고 뽐내며 살았기에
어느 누구도 문병 오지도 않고 외로워 울 뿐입니다.
그동안 뽐내며 살아온 세월이 부끄러울 뿐…
진즉 다른 작고, 힘없는 짐승들에게 잘해 줄 것을…
후회해도 소용없습니다.

늙은 호랑이는 새들의 노랫소리를 들으며 죽어 갑니다.
다음 세상에 또 온다면
작고, 여린 친구들에게 자기 것 나눠 주며
그렇게 살아야지 다짐하며 눈을 감습니다.
참다운 깨달음은 잃어버린 후에야 온다고 했는데…
죽어 가며 깨닫는 호랑이.

새들은 그를 둘러싸고 앉아 노래합니다.
"얘들아!
우리는 이슬도 나눠 마시고
곡식도 나눠 먹고
아픈 식구 돌보고
좋은 학교 못 다녔다고 깔보지 말고
아름답게 살자."
"응! 그래. 그렇게 살자.
그런데 이 죽은 호랑이는

어떻게 하지?
우리가 땅에 묻어 주자."
작은 부리로 조금씩 조금씩 땅을 파고
호랑이를 묻었습니다.

하늘에서 흰 눈이 펑펑 내립니다.
숲속에 평화가 찾아온 날입니다.
12월 24일입니다.
어디선가 성탄절 노래가 들려옵니다.

대나무 숲을 없애다

대나무 바람 소리가 좋아서
대나무가 자라기를 기다리며 사는 소녀가 있었습니다.
그 소녀는 사실은 검은 고양이였습니다.
눈이 예쁘고 총명해 보이는 고양이.
먹이를 구하러 이 마을 저 마을 다 가다가
대나무 숲을 발견하고 그곳에서 살아갑니다.
대나무는 사실은 나무가 아니라고 합니다.
죽순 단계에서 정해진 굵기를 그대로
키만 높이 자란다고 합니다.

다년생 풀인데
잔디, 갈대, 벼, 보리, 밀, 사탕수수, 옥수수와 같이
벼(科)과 작물이라네요.
속을 채우는데 영양분을 쓰지 않으니
빨리, 높이 자라서 햇빛을 차지합니다.
각 마디마다 동시에 자랍니다.

하루에 1미터 넘게!
놀랍지요!
대나무는 5년, 10년, 30년, 60년
심지어 120년에 한 번
꽃이 피고 사라집니다.

검은 고양이는
대나무 숲에서 대나무를 배웠습니다.
대나무가 빽빽하게 자라면 여름에 바람이 안 통한다고
어느 날 아저씨 몇 분이 대나무를 베고
뿌리에 약을 부어 대나무를 죽였습니다.
대나무가 사라진 땅에
체리랑, 미니사과 나무를 심었지만…
잘 자라지 못해 안타깝습니다.
고양이는그래도 희망을 버리지 못합니다.
조만간 어디선가 대나무가 올라와

사람들을 놀라게 할 테니까요.

대나무를 죽이는 약은 있어도
땅속 깊이 살아 있는 작은 뿌리까지
죽이기는 거의 불가능하니까요.
대나무를 없앤 땅에 잡초만 무성합니다.
잡초보다는 대나무가 한결 나은데…
사람들에게 유익한 풀인데…
후회해도 늦었습니다.

가장 어려운 작별(作別)

안 되겠다! 다짐하기도 하면서
좀 더 우아한 노년(老年)을 꿈꾼다.
감사할 일이 더 많았지만
힘든 일은 대부분 사람들과의 '관계'에서 왔고
새로운 꿈은 하나님에게서 왔다.

어느 날, 17년이나 우리 가족과 함께한
'봄'이라는 반려견을 안고 딸이 찾아왔다.
이제 막 40이 된 작곡가인 딸.
그 여인(?)은 입시생 레슨 때도 '봄'이를 데리고 다녔고
그 어떤 날에도 '봄' 이 아가씨를 애지중지했다.

미국 유학 갈 때
그 딸아이는 자기가 하고 싶은 공부를 하러 가며
'봄'이를 본 척도 하지 않고 큰 가방에
자기 소지품을 담아 미국 보스톤으로 떠났고

집에 남은 '봄'이는 그날부터
열흘을 현관에 앉아 하염없이 언니를 기다렸다.
열흘이 지나자 내 품에 안겨 한참을 울었던 '봄'이.
함께 산책하며, 달리며, 언니를 잊으려 애썼고
봄날이 가고, 오고…
그렇게 3년여의 시간이 흐르고
언니가 음악공부를 최우등(숨마쿰라우데)으로
마치고 돌아왔을 때
'봄'이는 언니를 향한 서운함으로
아는 척도 하지 않았다.
그러기를 하루, 이틀, 사흘이 가고
언니 품에 안긴 '봄'이 나이 일곱 살.

그들은 또 행복한 자매가 되어
우애를 나누며 나이들어 갔다.
딸이 속상할 때 가장 많이 위로가 되어 준 '봄'이.

언니가 결혼하고 함께 가서 살며
'결혼'이라는 사랑의 행복한 장례식에서
힘을 북돋아 주고, 많이도 흘렸을
언니의 눈물을 핥아 주면서… 늙어 갔다.
평균수명으로 따지면 열 살이 넘어가면
사람 나이로 '노년'이라 했다.
차츰 눈도 잘 안 보이고, 잘 걷지도 못하고
그러면서도 늘 언니를 지켜 준 '봄' 아가씨.

그 아이가 없었다면 외동딸인 작곡가는
얼마나 외로웠을까?
사노라 힘들 때면 늘 가슴으로 파고들어
"언니! 괜찮아? 삶이란 다 그런 거야."
외동 자체가 병이라는 학자도 있지만
외동딸 같지 않게 대인관계지능도 높고
특히 음악지능이 뛰어난 것은

엄마의 교육 덕이 아니라
'봄'이라는 강아지의 사랑이었음을…
나는 그 누구보다 잘 알고 있다.
"엄마! '봄'이가 떠날 때가 되었나 봐요.
어쩌면 마지막일 수도 있어 데리고 왔어요.
한 번 안아 보세요."
나를 올려다보는 '봄'이의 그 예쁘고 유순한 눈!
마치 갓난 강아지 같다.

흘러내리는 눈물.
17년을 한결같이 사랑만 주고 떠나가는 '봄'이!
그 아이의 장례식을 치르며 애도의 시간을 갖고
유골을 담은 상자(작은)를 들고 돌아오던 길.
우리는 아무런 말도 할 수 없었다.
"고마워! 미안해! 사랑해! 다시 만날 거야."
딸의 눈물, 사위의 눈물.

'햇살'이라는 '봄'이 동생 강아지의 눈물.
눈물이 흐르고
아! 다시는 이런 사랑 없을 거야.
다시는 이런 작별 못할 거야.
'봄'이의 맑은 눈이
우리를 위로한다.

다시 만나요!
사랑해요!
살면서 제일 힘이 드는 일-
내게는 작별이다.
'봄'이는 갔지만 무지개다리 건너갔지만
'햇살'이는 아직도
우리 곁을 지켜 주는 초여름이다.

E단조(短調)

소쩍새가 우는 계절입니다.
며느리가 배가 고파 울다가 죽어
한 마리 새가 되었는데
솥이 작다고 하소연하는 것이라고…
슬픈 전설이 가슴 아픈 소쩍새.

한국 사람의 피에는
E단조의 친밀함이 흐르고 있다고 합니다.
며느리 밥 먹는 것이 아까워
작은 솥에 밥을 해서
며느리를 굶겨 죽도록 했다는 이야기에
가슴이 먹먹합니다.
러시아 음악을 들으면
한국의 음악을 듣는 듯 친밀감을 느끼는데…
알게 모르게 우리는
E단조 음악과 친밀해 있는 것입니다.

E단조의 으뜸음은 미(E)인데
아련한 슬픔을 자아냅니다.
장조는 기쁘고 단조는 슬픕니다.
음악이론은 잘 모르지만
슬픈 곡조가 비현실적이고도
이상적인 목표를 느끼게 합니다.
슬픔은 슬픔으로!
E단조의 음악을 들으며 슬픔을 잠재웁니다.
소쩍새 우는 밤입니다.
진달래도 잠든 밤입니다.

혀가 제일 무서워요!

사노라면 어느 땐 사람이 제일 무섭습니다.
우리 고양이들은 항상
사람들을 피해 다니기도 하고 다가가기도 하지만…
강아지가 더 무섭기도 합니다.
그런데 저를 키워 주는 예쁜 엄마는
가끔 이렇게 말합니다.

"애야, 초롱아!
너는 내가 너를 얼마나 사랑하는지 알지?
될 수 있으면 사람이 오면 재빨리 달아나.
어떤 사람은 고양이 먹이를 왜 주느냐고
소리지르고, 요물단지를 키우는 사람들이
정말 싫다고 하거든.
초롱아!
내 눈엔 세상에서 너처럼
예쁘고 매력적인 존재가 없단다.

어찌나 예쁜지 어느 땐 눈물이 다 난단다.
물론 강아지도 귀엽지만 너는 묘한 매력이 있거든."

예쁜 엄마의 말에 초롱이는
또 기뻐서 은행나무를 쏜살같이 뛰어올라
노란 은행잎이 떨어지도록 흔들어 댑니다.
우수수 은행잎이 떨어지고 예쁜 엄마는
그 은행잎을 주워 편지를 씁니다.

—초롱아! 오래오래 우리 집에 있어 줘.
네가 오고 나서 쥐가 모두 도망갔어. 정말 고맙다!
눈이 수정처럼 예쁜 초롱아!
나는 너를 무척 사랑해. 우리를 떠나지 말아 줘!
나를 떠나 버린 남편은 이렇게 말했단다.
"나는 당신이 싫어졌어.
고양이를 안고 있는 당신을 안고 싶지 않아.

나는 짐승들이 싫어. 고양이와 잘 살아 봐.
점점 고양이를 닮을 테니까."
트렁크를 들고 떠나는 그를 보며
"나는 사냥개를 무서워하는데…
늘 그 사냥개와 사냥을 다니는 당신이
나도 싫어도 참았어요. 잘 가요."

초롱이는 눈물이 나왔습니다.
나 때문에 예쁜 엄마가 혼자 살게 되었으니
너무 가슴이 아팠습니다.
예쁜 엄마가 나를 안고 울었습니다.
지나가던 어떤 할아버지가 이렇게 말합니다.

"저 여편네는 맨날 고양이에게
고기도 주고, 안아 주고 야단이야.
에잇, 나는 고양이를 좋아하는 저 여편네가 징그러워."

그 소리를 듣고 초롱이는 야옹하고 울었습니다.
엄마는 초롱이를 꼭 끌어안고 이렇게 말했습니다.

"초롱아!
너를 사랑하지 않고 요물이라며
눈 흘기는 사람의 혀가 나는 제일 무섭다.
사람들의 혀가
어찌나 무서운지!
남의 약점을 파헤치고
거짓을 진실처럼 퍼뜨리고…."

빛나는 할머니

할머니들이 아파트 공원에 앉아
이 얘기 저 얘기꽃을 피우고 계신
오후였습니다.

"우리 며느리는 김치 하나도 못 담그고 다 사 먹어요."
"아, 직장에 나가랴 시어머니 모시랴 틈이 있겠어요?"

노란 은행잎이 뒹구는 공원에는
은빛 할머니들의 이야기가 도란도란 들려오고
스마트폰을 들여다보며 학교에서 돌아오는 아이들.
장을 봐 오는 주부들.
산책 나온 강아지들도…
한 편의 그림을 보는 듯 평화롭습니다.
그런데…
머리카락이 은색인 한 할머니는
가방에서 책을 꺼내 읽고 계십니다.

가끔 고개를 끄덕이기도 하면서
미소를 짓기도 합니다.
아! 그렇구나.
할머니는 요즘 책 읽는 재미가 제일이라고 하시면서
아파트에 있는 작은 도서관에 다녀오시곤 합니다.

도서관에 들어서면 왠지 배가 부르고 어깨가 펴집니다.
아들들은 다 대학에 보내고
딸 하나인 할머니는 대학에 못 간 대신
직장생활을 예쁘게 하셨습니다.
늘 가방에 책을 넣어 가지고 다니면서 꺼내 읽었습니다.
동네에서 제일 큰 강아지 '설'이가 보면
그 할머니가 제일 빛이 나는 듯했습니다.
박사학위를 딴 언니보다
그 할머니의 모습이 더 빛나 보였습니다.
할머니는 시간을 아껴 책을 읽어

머리에, 가슴에 '지혜의 도서관'이 한 채씩 들어 있습니다.
지식이 많은 사람은 많지만
지혜로운 사람은 그리 많지 않습니다.
'설'이는 빛나는 할머니 곁에서
할머니의 향기를 맡으며 잠이 들었습니다.
바람도, 국화도 모두 할머니에게
존경의 눈길을 보냅니다.
빛이 나는 할머니.
할머니가 정말 아름답습니다.

마지막 인사

인사만 잘 해도 성공할 수 있다고
새끼 곰은 아빠 곰에게서 배웠습니다.
공손하게!
날씨에 맞게!
상대방이 여우든, 고라니든, 고양이든
먼저 인사를 고개 숙여 하고 나면
모든 일이 순순히 풀린다는 것입니다.
새끼 곰도 세월 따라 성장해서 어른이 되었고
숲속 어디에서나 곰을 칭찬하는 소리가 들렸습니다.
"곰 아저씨는 정말 멋져요!"
새들의 칭찬이 하늘을 향해 날고
밭을 갈던 두더지들의 칭찬이 땅을 파고 내려갑니다.
"아이고, 그 곰은 어릴 적부터 인사성이 밝았어요.
항상 웃는 얼굴로
안녕하세요? 이렇게 인사하면
사냥꾼들에게 쫓기다가도 행복했다니까요."

그렇게 곰은 숲속에 행복 바이러스를 퍼뜨렸습니다.
언제 어디서나
밝게 웃으며 인사하던 곰 아저씨.
그가 어느 날 병이 들어 그 병과 다투다가
결국 세상을 떠나게 되었습니다.
숲속 친구 모두에게 인사를 하고 떠나야 하는데…
마이크도 없고, 편지 쓸 기운도 없으니 어쩌나?
인사도 없이 가 버리면
친구들이 얼마나 섭섭할까?
아, 그래!
산에는 메아리가 살고 있으니
메아리로 인사를, 마지막 인사를 하자.

"친구님들!
그동안 행복했어요.
내 마지막 인사를 받아 주세요.

사랑했습니다.
행복하세요."

산에 살던 메아리를 듣고
모든 친구들은 손을 흔들며 눈물을 흘렸습니다.

"하늘로 이사 가는 곰 아저씨!
사랑했어요!
행복했어요!
우리도 하늘로 이사 가면 곰 아저씨!
반갑게 맞이해 주실 거죠?
사랑했어요!
행복했어요!"

나무들도 잎을 흔들며 하늘로 가는
곰 아저씨를 배웅했습니다.

인사만 잘해도 사랑받을 수 있습니다.
마지막 인사도 없이 떠난 꽃뱀 아가씨.
아가씨도 하늘에서는
행복하게 착하게 살아요.
숲속에서는
아름다운 음악이 들리고
곰 아저씨는 행복하게 떠났습니다.

착한 딸로 살지 말아라!

염소 400마리를 키우는 목장에서는
염소 엄마들이 아기들에게 들려주는
훈계가 매일 들려옵니다.

"얘야!
너는 엄마처럼 살지 말아라!
엄마는 너한테 줄 젖까지
사람들에게 빼앗기고 기쁨도 빼앗기고
항상 쫓기면서 살았단다.
나는 겁이 많았거든.
이 목장을 떠나 살 수도 없어.
누군가 사람 눈에 띄면
얼른 잡아다가 우리 안에 가두고…
나는 사람이 무섭단다.
네게 먹일 젖까지 기계로 짜서 파는 사람들.
사람들은 몸에 좋다면 안 먹는 게 없지.

너를 보면 가슴이 아프다.
이 목장을 떠날 수도 없는
우리의 운명이니….”

운명을 사랑할 수밖에 없는 우리들.
사람들 중에도 우리 같은 사람이 있어.
남한테 좋은 것은 다 빼앗기고
그래도 웃으며 사는 사람들.
착한 사람이 더 고통을 겪는데
어떤 엄마가 딸에게 이렇게 말하는 것을 들었다.

“딸아!
너는 엄마처럼 살지 말아라.
인내는 쓰다.
그러나 열매는 달다며 살아온 엄마.
그런 엄마보다

자기 소질을 키우며
한 인간으로 사는 사람이 되거라.
엄마는 인내는 달다.
때로는 열매가 쓰다.
이러면서 사는 딸이 되라고 말해 주고 싶다."

참고 사는 것이
얼마나 힘겨웠는지
아는 사람만 이해할 수 있는 훈계.
착한 딸로 살지 말아라!
염소들 모두가 눈물을 글썽이는
어느 가을날 저녁이었습니다.

믿음은 기다림이다

'여름'이라는 고양이가 유치원 뜰에서 태어나
엄마 고양이와 어찌나 사이가 좋은지!
늘 한 공간에서 서로 기대며 잠들고
함께 먹으며 그렇게 행복하게 살았습니다.
'여름'이는 엄마 곁을 떠나지 않고
엄마를 사랑하는 효녀 고양이였지요.

35년 넘은 아파트가 재건축하면서
유치원도 휴원에 들어가고
아파트는 흔적도 없이 부서지고
2년 6개월 만에 고층아파트로 지어졌습니다.
모녀 고양이는 유치원의 천국 같은 뜰에서 나와
이곳저곳 떠돌아다니며
원장님과 선생님, 그리고 천사 같은 아이들이
돌아올 날을 기다리며 초라하게 살았습니다.
어떤 할아버지는 불쌍하다며

참치도 놓아 주고 안타까워했지만…
다른 사람들은 무심하게 지나갑니다.

"에잇, 나는 고양이가 싫어.
울음소리도 싫고, 늘 불안해하는 눈도 싫어."

두 고양이는 그저 이리저리 피해 다니며
하루하루를 살아갑니다.
어느새 2년 6개월이 지나고…
가끔 원장님과 선생님들이 다녀갔지만
고양이 모녀는 잠깐 보고 가는
선생님들을 배웅하며 울었습니다.
믿고 기다렸는데…
원장 선생님은 참치를 접시에 덜어 놓고 급히 가셨습니다.
가슴이 아팠기에 유치원 뜰에서 나고 자란
고양이 모녀를 멀리하는 것 같았습니다.

불쌍한 고양이!
원장 선생님이 살고 계신 아파트 산책길에는
'고양이에게 먹이를 주지 마세요!'
이렇게 써붙여 놓았습니다.
사람들을 해치지 않는데도
미워하는 사람이 더 많은 이 도시에서
겨울은 얼마나 춥고 배고플까요?

그래도 그들은 믿고 기다립니다.
언젠가 다시 유치원 뜰에서
선생님들과 예쁜 아이들과 웃으며 만나
함께 살날을 기다립니다.

믿음은 기다림입니다.
첫눈이 내리는 길에서
원장 선생님이 가져다 주는 참치를

차 밑에서 먹으며

고양이들은 기다립니다.

봄이 오면 우리를 데리러 올까?

믿고, 기다립니다.

거울을 보아라

하루도 빠짐없이 열심으로 일한 손을 보며
로션을 바르다가 큰 거울 앞에 섰습니다.
어느새 폭삭 늙어 버린 모습에
그만 눈물이 쏟아지는 할머니.
그 할머니 손으로
나무들이 자라고
닭, 오리들이 자라고
손자 손녀들이 자랐습니다.
할머니의 예의 바른 태도와 검소함을 배운
손자 손녀들은
언제 어디서나 빛나는 존재였지요.
그중 가장 사려 깊은 큰 손녀가
할머니에게 주름이 펴진다는
크림을 사드렸습니다.
아껴 조금씩 바르다 보니
주름도, 검버섯도

조금씩 벗겨지는 듯했습니다.
일요일이면 곱게, 정성 들여
화장을 하시고 작은 교회에 가십니다.

욕심없이 아름답게 교회를 운영하는
목사님 부부가 반겨 주고
교회 마당에서 놀던 강아지도 꼬리치며 달려옵니다.
교회는 목사님이 하나님께 가는 다리가 되어 주시고
말씀으로 성도들의 힘든 마음을 어루만져 주시는 곳입니다.
하나님께로 가는 다리, 교회!
그 교회가 코로나바이러스 때문에 쓸쓸합니다.
나이 많은 할머니 할아버지는 못 나오시니까요.
목사님이라고 다 존경스러울 수는 없습니다.
욕심 많고, 섬길 줄 모르는 사람은
보통 사람보다도 더 추할 수 있으니까요.
성도들이 다 자기를 섬겨 주기를 바라고

자기는 거울도 보지 않는 사람도 있다고 합니다.
모이고, 가르치고, 배우는 곳.
그런 곳에 거울이 없습니다.
가르치려는 사람은 거울을 자주 봐야 합니다.
내 욕심이 얼굴에 쓰여 있으니까요.
얼굴은 얼이 사는 동굴이기에
아무리 숨기려 가면을 써도 되지 않습니다.
교회나 성당이나 절에 가지 않고도
착하게 살고, 남에게 베풀고, 돕고
남에게 '다리'가 되는 사람도 많습니다.
성당이나 교회, 절에 다닌다며
사기를 치는 사람도 많다고 합니다.
할머니 얼굴은
욕심이 없어 보이는 주름살 가득하지만
그 어떤 배우보다 아름답습니다.

거울은 여기저기 많아야 합니다.
자기 욕심은 얼굴에 다 나타나
속일 수 없습니다.
남에게 칼국수 한 그릇 안 사면서
자기는 매일 맛나고, 멋진 곳 찾아다니는
할머니의 얼굴에는
심술이 가득합니다.
주름살이 없으면 무엇 하나요?
욕심 살이, 심술 살이 가득한데….

거울 파는 가게

'설(雪)'이라는 하얀 강아지가 있습니다.
교사이신 아빠와 교육학 박사인 엄마, 착한 누나
이렇게 세 식구와 살고 있는 '설'이.
작고, 유난히 눈이 예쁘고, 조용하고
품위까지 있는 '햇살'이는
보는 사람들마다
"아유! 예쁘다. 정말 예쁘다!"
난리들입니다.

시니어 모델입니다.
열두 살인 데도 어딜 가나 사진을 찍어야 합니다.
사진을 찍으려 하면 '햇살'이는
가장 예쁜 모습으로 카메라를 쳐다봅니다.
예쁘다!는 소리를 수만 번 들었기에
사진 촬영에 익숙하고
어쩌면 즐기는 듯도 보입니다.

산책길에서 ‘설’이는 ‘햇살’이를 보면
막 달려옵니다.
‘햇살’이도 달려갑니다.
“설이야, 보고 싶었어. 그동안 잘 있었지?”
서로 체취를 맡으며 반가워 야단입니다.
“햇살아, 너무 보고 싶었어!
어디에 가도 너처럼 예쁘고 우아한 친구는 없더구나.”
목줄을 잡고 계시던 두 아빠들도 웃으며 인사합니다.
워낙 ‘설’이 아빠가 좋은 분이라 스스럼없이 얘기들을 합니다.
‘설’이와 ‘햇살’이는 행복합니다.

그런데 엄마들의 마음은 잘 모르겠습니다.
조금은 아파 보이기도 하고
쓸쓸해 보이기도 합니다.
‘햇살’이 엄마는 나이가 많아서
이제 옛날의 그 아름다움은

시나브로 사라지고
못다 이룬 꿈이 있어
슬퍼 보입니다.
'설'이 엄마는 아직도 젊고 예쁘지만
'설'이 눈에는 못다 이룬 꿈 때문인지
조금은 아파 보이기도 합니다.

"햇살아!
엄마 아빠, 언니 누나들의
마음을 알 수 있을까?
그러면 참 좋을 것 같아.
우리가 위로해 줄 수 있을 텐데…."
"맞아, 나도 엄마 아빠가 늙으셔서
참 걱정이 많단다.
가끔 내가 어찌해야
엄마 아빠가 웃으실까? 고민하거든."

"그래!
마음을 읽어 주고, 비춰 보여 주는
거울이 있으면 좋겠어."
"그래! 부모님 마음을 비춰 주는
거울이 있으면 좋겠지?"
"설이야.
우리가 그런 거울을 만들어 보자!
그런 거울을 들고
슬프고, 아픈 사람들을 찾아가 보자."

'햇살'이와 '설'이는 꿈이 생겼습니다.
마음을 비춰 주는 거울을 만들어
100세를 눈앞에 둔 할아버지 마음도 읽어 보고
마음을 감추고 사는 사람들을 위로해 주자
손님이 왔습니다.
마음을 비춰 주는 거울을 들고…

'햇살'이와 '설'이가 사는 동네가
더 밝고 행복한 동네가 되리라 믿습니다.
강아지보다 고양이 밥을 더 챙겨 주고
죽은 비둘기를 땅에 묻어 주고
동물은 물론 나무도 사랑하는
착하고, 화목한 동네가 되는 것.
그것이 '햇살'이와 '설'이의 로망이랍니다.
마음을 비춰 주는 거울을 파는
가게가 어디 있을까요?

그렇게 아름다워진다

아름다운 건물이나 자연을 보면
우리의 마음은 순후해지고
신체적 질환도 조금씩 힐링이 되어 감을 느낀다.
많은 사람들이 내 곁을 지나갔지만…
아름다운 사람이 몇이나 되었나?

상처를 깊게 주고 떠난 사람.
꿈에서도 만날까 두려운 사람.
은근한 미소와 배려가 지금도
가슴에 등불로 다가오는 사람.
몹시 외로울 때 '언제든 너를 도와줄게!'라며
찬 손을 잡아 주던 친구.
그들은 지금 오후 6시(인생의~)쯤 되는
초저녁에도 그리워진다.
이 세상에 느닷없이 내 의지는 없이 와서
나이를 하나, 둘 먹어 가며

가을 단풍이 요즘처럼
아름답다고 느낀 적이 없었다.

좋은 사람!
좋은 사람 하나 만나기가 복권 당첨보다 쉽지 않다.
아름다운 꽃은 많지만…
아름다운 향기 나는 사람은 드물기에
그런 사람을 만나면 '보석' 하나를 얻은 기분이다.
아름다움은 아무에게나 가지 않는다.
친구라는 이름으로 사기를 치고
사랑이라는 이름으로 깊은 상처를 주고
사라지는 사람 적지 않은 세상에서…
어디로 가야 할지 몰라 교차로에서 헤맬 때
조용히 다가와 방향을 일러 주는 사람.
남을 위해 그 무언가를 선물로 준비하는 사람.
자기만 아는 교활한 인텔리보다 학력은 낮아도

가슴이 따스한 사람이 더 아름답다.

지인 중에 참으로 노력하는 여인이 있다.
늘 감탄한다.
얼굴에 검은 점 하나 없도록 가꾸고 다듬는다.
그런데 그 얼굴이 백옥같이 보이지 않고
왠지 돌로 만든 석상(石像) 같다는 생각이 든다.
왜 그럴까?
얼굴은 얼(spirit)이 사는 동굴이라고 한다.
그 여인의 영혼은 영악하고 교활하기에 그런 것인 듯하다.
잘 생겼어도 끌리지 않는 남자가 있고
조금은 균형이 안 맞아도 웃는 얼굴, 따스한 인품이
느껴지는 얼굴은 그리운 얼굴이 된다.
명품 백을 들고, 비싼 외제 차를 몰면서
쓰레기 주어 살아가는 할머니, 할아버지의
뒤뚱거리는 손수레를 짜증내는 여자를

아름답다 할 수 있을까?
차를 세우고 할머니의 손수레를
밀어 주는 여인의 모습은
한 줄기 가을 햇살 아래 들국화처럼 예쁘다.
아무리 가을 추수 잘 하고
광에 곡식이 가득 쌓여 있어도
배고픈 사람에게 좁쌀 한 되 주지 않는 사람에게
부자라고 찬사를 보낼 수 있을까?

이제 오후 6시쯤 된 사람들은
아름다운 사람 찾아서 옛이야기도 나누고
어떻게 해야 아름다운 사람이 되고
아름다운 세상이 되는가를 의논하며
향기로운 꽃차 한잔 나누는 즐거움을 가져야 한다.
'동네에 어려운 사람 없는가?
춥고 배고픈 고양이와 강아지는 없는가?'를 살피는 하루!

이사 가면서도 길고양이의
물과 음식을 담는 그릇을
만들어 놓고 떠난 여인이 그리워진다.
공동주택 단지에서
이웃의 고통은 생각하지 않고
소음과 공기 오염을 만들어 내는 사람들은
결코 아름답지 못하다.

미안해요!
고마워요!
사랑해요!
이런 말을 모르는 사람이
아무리 좋은 화장품을 쓰고
고급 옷을 입고, 좋은 차를 탄다 해도…
결코 그리운 존재, 아름다운 사람은 될 수 없다.

거울을 준비해야 한다.
내 마음을 성찰(省察)할 수 있는 거울을.
인품의 향기가 없는 모습은 역겨울 뿐이다.
33년 자란 '히말라야시타' 나무로 만든
벤치와 탁자를 실어 오면서
계속 무겁다고 툴툴거리는 젊은 남자
"아이고, 이건 참 귀한 의자네요." 하시며
온유한 미소로 의자의 무게만큼 무게 있는
할아버지께 고마움의 표시로
점심값을 덧붙여 드리는 것은
당연하지 않을까?
이제 마음공부를 화장품보다
더 가까이해야 아름다워질 것이다.
그렇게 아름다워진다.

'예쁘다!'는 찬사를 듣고 싶은가?

아름답고 기품 있다는 소리를 듣고 싶은가?
나는 94세가 지났어도 아름다운
엘리자베스 여왕의 품위와 자태를 부러워한다.
그분의 지팡이조차도 아름답다.
푸른 봄이 가고
여름이 가고
가을이 가면서
곱게 물드는 단풍처럼
우리 인생도 그렇게
가을이 가면서
아름다워진다고 믿는다.

아기 생쥐의 외출

어느 날 도시의 허파 같은 계룡대 공원
괴목정의 피톤치드가 섞인
푸른 공기를 흠씬 마시고 싶어 그곳으로 갔다.
가족들이 모여 사진도 찍고
누워 하늘도 올려다보고
책을 읽으며, 푸른 공기 마시며
행복에 겨운 모습들을 보며
나와 강아지 '햇살'이 함께
행복을 모처럼 느끼며 앉아 있는데…
13세 소녀의 주먹만한 아기 생쥐가
큰 잠자리 시체를 입에 물고
왔다갔다하는 모습이 눈에 들어왔다.
어마나! 저토록 귀여운 아기 생쥐가
잠자리를 놓치지 않으려고 애쓰며
어디론가 가려고 길을 찾는데…
잔디밭에 시멘트로 만든 턱이 있어

그 턱을 넘지 못하고 왔다갔다 안절부절못한다.
어린아이들이 몰려오더니
"야! 생쥐다. 귀엽다!"
난리다.
내 눈에는 어린것들은 다 귀엽다.
소의 아기 송아지, 말의 아기 망아지, 생쥐의 아기 생쥐…
어쩌면 뱀의 아기 빼놓고는 '아기'들은 다 귀여울 것인데…
"어쩌지?
얘들아!
우리가 저 아기 생쥐를 구해 줄까?"
"네!"

손으로 직접 만질 수는 없고
큰 나뭇잎을 주워들고 생쥐 앞으로 가니
그 아기 생쥐는 잠자리를 포기하고
나뭇잎 구명조끼 위에 앉아 탈출을 시도했다.

사람들이 없는 풀숲에 놓아 주고
아이들과 함께 빌었다.
'잘 가라! 아기 생쥐야!
큰 짐승 만나도 겁먹지 말고 씩씩하게 자라야 한다.
우리는 너를 잊지 않을게!'

그 후 나는 틈만 나면
그 13세 소녀의 주먹만한
아기 생쥐가 보고 싶어진다.
어쩌면 예전에 일본식 관사에 살던 때
집 천장에서 뛰놀던
쥐들의 후예일지도 모를 그 아기 생쥐.
작지만 똘망똘망 귀엽던 아기 생쥐가
잘 자라기를 빌고 있다.
생쥐야!
피할 때 피하고 네 존재 알릴 때 알리면서 잘 살아라.

생쥐를 징그럽다 혐오하는 사람도 있지만
아기 생쥐가 귀엽게만 보이는 아이들과
아이 같은 어르신도 있으니…
인생은 아름답지 않을까?

운명의 집

태어나 살면서…
지상 위에 집 네 채를 지었다.
아이가 뛰어놀 마당이 있는 집.
뜰이 넓어 새들이 날아오고,
고양이들이 찾아와 함께 놀다 가는
유아들의 학교 유치원.
꽃들이 노래하는 곳.
그리고 아이들에게 시골 체험을 시키며
자연학습을 하기 위해 지은 자연학습원.
그곳에는 구들을 놓아
온돌에서 잘 수 있게 지었다.
반딧불이를 도깨비불이라며
청개구리를 쫓아다니며 마음껏 뛰놀던 자연학습원.
그곳을 '작은 도서관'으로 바꾸고
전원에서 살기 위하여 하얀 집을 시골에 지었다.
네 채 모두 아름다운 건축으로 소개되었으니

미학의 덕분인가 아니면 건축가를 잘 만났던 것인가?
그들을 작품으로 여기며 33년을 함께한 지상의 집.

어느 날 원로 목사님의 설교 중에…
'신호등에 지은 새집' 이야기가 가슴을 울렸다.
새들이 열심히 신호등에 집을 짓고 있었는데…
일주일 뒤 그곳을 지나다 보니
새집은 이미 철거되고
신호등은 도로의 안전을 위해
이런 불빛 저런 불빛으로
신호를 보내고 있었다고 했다.
사람의 안전이 우선이지
새들은 나무에 집을 지으면 되는 것이기에
가슴 아파하는 사람은 없었다고.
새들이 행복해했을 그 신호등 위의 집.
새들은 머리가 나쁘다더니…

나라면 신호등을 옆에
하나 더 세워서라도 철거하지는 않았을 터다.

저녁이 되면 숲속 새들은 서로 부른다.
어서 와서 잠자리에 들라고.
나는 이제 내 운명의 집을
어떻게 지을 것인가? 돌아본다.
운명도 바꿀 수 있다고 하지만…
나는 내 이상(理想)을 키워 온 운명의 집은
과연 어떤 평가를 받을까? 궁금하다.
아니 내 스스로 그 집에 갇혀
운명은 어쩔 수 없다고
그 누군가가 허물고 새로운 운명의 집을
지어 주길 바란 적은 없었을까?
모래 위에 집을 지은 것은 아니고
그렇다고 반석 위에 지은 운명의 집도 아닌 듯하다.

소박하고, 허황됨이 없고
조촐한 색깔과 단순함과 절제로 다가오는 집.
그 집에서 새로운 신앙의 집도 짓고
은혜의 집도 짓는다.

아름다운 집.
살아 있는 돌(living stone)로 지은 은혜의 집.
내 영혼의 집은 은혜의 집이라 명명할 것이다.
쉽게 허물어지지 않는 감사의 집.
감사의 돌로 쌓은 내 운명의 집!
그 운명의 집은 그 누구도 허물 수 없다.
용서라는 돌과
온유라는 돌과
이해라는 돌을
켜켜이 쌓아 지은 집.
나는 이제 오롯이

내가 지나온 세월의 무게만큼
중후하고, 겸손한
그 누가 봐도 아름답고, 고아(古雅)한 집
운명의 집을 완성할 것이다.

그 약속은… 지켜졌다

우리는 살아가면서 약속을 가끔 한다.
"다시는 죄를 짓지 않겠다."
"다시는 시간을 허투루 쓰지 않겠다."
"베풀면서 착하고 아름답게 살겠다."
이런 자기와의 약속(約束)이 있기도 하지만…
"우리 사랑 변치 않기로 해요."
"언제 또 만나기로 해요."
"안 그럴게요."
상대가 있는 약속은 지켜지지 않으면
상대에게 상처를 주고 신용이 떨어진다.
단 한 번 일별(一瞥)했을 뿐인데
나는 어느 학생과 한 약속을 지키려 애썼다.
어느 날, 유치원 정원에 꽃들을 보살피며
물을 주고 있었는데…
자전거를 타고 가던 한 청년이 서더니

"제가 이 동네에 살았어요. 오랫동안!
그런데 이 동네가 새로운 아파트가 들어서고
좋아진다고 하네요.
그래도 이 유치원 건물은 허물지 말아 주세요."

그 청년은 시카고에 있는
Art School에 다니고 있는데
방학 때 다니러 오면
꼭 동네 한 바퀴를 돌아보며
어린 시절을 회상한다고 했다.
오래된 마트의 친절한 멋진 주인들도 그립고
400년 넘은 신목(神木)도 그립고
웃고 노래하며 뛰놀던 유치원도
놀이터도 그립다고 했다.
호박돌로 우아하게 지어진 유치원 건물은
허물지 말고 남아 있으면 좋겠다고

이만한 건물이 없다고 말했다.
사라지지 않고 보존됐으면 좋겠다고 했다.
함께 뜰을 가꾸던 선생님도 그 소리를 듣고
아름다운 얼굴에 미소가 꽃처럼 피어났다.
"아! 그래요?"
이 도시에 이만큼 아름다운 건축물은 없다는
그 학생의 말에 내 눈에 눈물이 고이고
가슴으로 은혜의 단비가 내렸었다.

이 건물을 짓기 위해
얼마나 많은 호박돌을 가져왔으며
얼마나 오래 시간이 걸렸던가.
38세의 나이로 나는 이 건물에 내 젊음을 바쳤었다.
나는 이 건물이 내 '이상(理想)의 집'이였기에
천국에 들어갈 수 있는
꽃 같은 아이들과 33년을 보냈다.

단 한 사람!
그 이름도 모르는 건축학도와 한 약속.
그 약속을 지켜 낸 내가 비록 늙어
다른 친구들보다 더 초라해졌다 해도
나는 후회하지 않는다.

단독주택을 짓고, 아파트를 짓고 30년 만 되면
집의 존재 이유는 빼버리고
땅의 값만을 생각하는 사람들.
그들은 때로 헌집을 보존하려는 사람들에게
질시의 눈 흘김을 보이며
가짜 뉴스를 만들며
영혼의 상처를 덧나게 했다지만…
나는 우리 유아학교 출신들이
40대 중년이 되어 찾아와
"아이고! 우리 유치원이 아직도 살아 있구나!"

감동하도록 어제도, 오늘도, 내일도
아이들의 집을 가꿀 것이다.
그 아이들이 아이를 낳아 데리고 와
"이곳이 아빠, 엄마가 어릴 때 다닌 유치원이란다.
천국에 들어갈 수 있는 조건 모두를 이곳에서 배웠단다."
그 청년이 어느 날 찾아와
"그 약속을 지켜 낸 선생님이 고맙습니다."
손잡아 준다면 나는
정신적 아들 이상의 친구로 여기며
얼마나 행복할 것인가?!

세상은 빠르게 변해 가도
약속을 지켜 내는 사람이 있기에
아나로그의 아름다움은 은은한 향기로 남을 것이다.
한번 흘낏 마주친 청년과의 약속. 지켜 냈다!
그 학생이 다닌 Art School의 건축학과에서는

자신의 전공 분야뿐만 아니라 다양한 예술 분야 전공을
자유롭게 공부할 수 있는 기회를 부여하는데
이런 학습 환경은 여러 분야의 예술을 접목
복합예술가로 성장할 수 있는 계기가 된다고 한다.
한국에서도 이런 학교가 많아지길 바라면서
그 청년 건축 예술가의 칭찬을 또 한 번 받고 싶다.

약속을 지켜 낸 후
칭찬을, 찬사를 듣고 싶은 오월이다.
봄은 오지 말라 해도 왔었고
가지 말라 해도 가고 있다.
첫 여름에 새 마을의 신록이 아름답다.
나이 들은 어르신을 대우하듯
오래된 점포, 오래된 건물의 아름다움을
볼 수 있는 젊은이들이 있다는 것도
축복이다.

나무 무덤

코로나19 바이러스 때문에…
춘래불사춘(春來不似春)
봄이 왔어도 봄을 잘 못 느끼는
2020년의 3월, 4월, 5월.
사람을 가까이하면 안 되는 두려움.
코로나 포비아(phobia)로 하루하루 집에서 보낸다.
언제나 이 공포에서 헤어 나오나?
두려움에 사람을 멀리하고, 모임을, 행사를 취소한다.
바이러스와의 전쟁으로
사람의 무덤들이 늘어나는 요즘.
그래도 꽃은 피고 지고
작은 풀들도 싹이 나와
제 본분을 다 하고 있다.

바이러스를 두려워하며
손을 씻고 또 씻고

사람과 거리를 유지하면서
우리는 '그동안 보낸 일상이 주던
소소한 행복이 얼마나 소중했던가?'를 깨달았다.
메르스가 종식되는데 3년이 걸렸다는데
코로나는 또 얼마나 지나야 사라질까?

아파트 단지에 조성된 정원을 산책하며
하르르 지는 눈 같은 벚꽃 잎을 보며
'인생이 얼마나 짧은가? 꽃의 일생은 얼마나 허무한가?'
생각하는데… 메타세콰이어 나무를 베어 내고
그 위에 까만 비닐을 덮고 모래흙을 올려놓아
새순이 올라오지 못하도록 해 놓은
지혜에 놀라면서 가슴이 먹먹해졌다.
얼마나 오랜 세월 저 나무들은
바람을 맞으며, 햇볕을 쬐이며
물을 빨아올리며 살았을까?

아낌없이 주는 나무.
아이들의 그네를 매어 놓을 수 있게 해 주고
그 아이가 먼~ 바다를 항해하고 싶다고 할 때
다 내어 주고, 그 소년이 늙어 돌아왔을 때
그루터기로 남아 앉아 쉴 수 있도록
자기 몸 모두를 아낌없이 내어 준
나무의 일생.
우리 부모의 일생과 다르지 않다.
그 나무가 자라서 너무 커지니
아파트 건물 벽을 해롭게 한다고
베어 내고 숨구멍을 막아 버린 사람들의 지혜.
놀랍기도 하지만 그 나무들이 가여워 눈물이 고인다.
꼭 저렇게 해야 했을까?
왜 쉽게 심고, 쉽게 죽도록 할까?

돼지 열병이 돌 때면
그 동물들을 산 채로 땅에 묻고
그들의 피가 강물이 되어 흐르고…
그들의 울부짖는 소리가 들리는 듯했다.
그 나무에 찾아와 놀던 새들은 어디로 갔을까?
인간이 얼마나 오만한가를
가끔 생각한다는 성직자의 말에 공감한다.
나무가 숨을 못 쉬고 죽으면
뿌리 뽑으려는 영리함에 나는 절망한다.

4차 산업시대에도 나는
'나무'의 덕(德)을 헤아린다.
꽃, 열매를 주고 여름에 그늘을 주고
새들이 집을 짓게 하는 그 너그러움.
나무를 심을 때는 탈 없으라고 떡까지 해다 바치면서
나무의 죽음을 애통해하며 막걸리를 뿌려 주면서

그들을 저토록 숨통을 막아 죽이려는 사람들이 무섭다.

길냥이들에게 먹이를 주지 말라는 사람도 있지만…
깨끗한 그릇에 먹이와 물을 놓고 가는
여인이 아름답게만 보인다.
'함께 살아야지요.'라며 밥을 주고, 쓰다듬어 주던
어떤 그릇백화점 주인도 감동을 준다.
미국에서도 육류(肉類)공장이 줄어 간다 한다.
고기, 고기… 도살장에 끌려갈 때
슬프게 운다는 소, 돼지, 닭들.
그들을 얼마나 먹으며 얼마나 건강해졌는가?
나는 비건(채식주의자)은 아니지만
거의 고기를 먹지 않는다.
고기를 먹기 위해 소나 돼지 등을 사육하고
그들에게서 나오는 가스가 공기를 더럽히고…

변종 바이러스가 공격하는
세균 전쟁이 벌어지고
사람들은 사람을 멀리 두어야 하고…
그런 악순환은 진정
총탄이 오가는 전쟁보다 더 괴롭다.
반가워도 손도 못 잡고
그저 웃으며 목례로 대신하며
'거리두기'를 실천해야 하는 코로나바이러스!
그것이 종식되면 또
변종 바이러스가 나타날 것이라 한다.
새가 날아다니고, 나무들이 수명을 다 하고
흙으로 돌아가는 자연의 순환.
그들을 거스른다면
우리는 나무 무덤처럼
숨막히는 일상을 보내야 하지 않을까?

2020년대에서 비닐을 덮어 놓은
나무 무덤에서 아직도
신음 소리(나무의 신음 소리)가
들리는 듯하다.

아그리나

코로나 포비아가 전 세계에 팽배해 있는 요즘.
우리는 '외로움'이 가장 힘든
감정이라는 것을 새삼 깨달았다.
얼마 전 작고하신 어머니는
이렇게 말씀을 하시곤 하셨다.
"외로움이 제일 힘들다."

어머니는 자식도 다섯이나 되고
남편도 살아 곁에 계신데 왜 외로우신가?
너무나 이성적인 딸들은
그 심경을 헤아리지 못하고
엄마가 별난 분이라고 했다.
청소하는 아주머니가 오실 무렵이면
계단에 앉아 기다리셨다는 어머니.
어머니께 한이 되는 것은
어머니, 엄마의 말동무가 되어 드리지 못하고

늘상 바쁘게 살아온 일상이…
떠나시고 난 후 폭풍처럼 밀려오곤 한다.

말로는 사랑한다면서
우리는 얼마나 부모님의
외로움을 덜어 드리고
부축해 드렸던가?
자기 자식들에게 바친
사랑의 백만분의 일 만이라도
외로움이 제일 힘들다! 호소하시던
어머니께 바쳤다면…
이토록 가슴 아프지는 않을 텐데…
우리는 사랑하는 사이, 아그리나!
'아그리나'는 순수한 우리말로
사랑하는 우리 사이라는 말이라고 한다.

코로나 여파로 떼어 낸
간판이 쌓인 곳에
순수한 우리말은 없다.
영어로, 이태리어로, 라틴어로
뜻 모를 이름들이다.
피눈물 흘리며 떼어 낸 간판.
그 이름은 이제 사라져 간다.
사람과의 전쟁도 무섭지만
바이러스와의 전쟁은 정말 두렵다.
한 가지를 막아 내면 교활한 바이러스는
또 변이로 더 빠르게 사람을 교란시킨다.
사랑하는 부부 사이에도 서로 경계한다.
혹시 그녀가, 그이가
코로나바이러스를 데리고 온 것은 아닌가?
가까이하기엔 먼 당신이 되었다.
아무리 반가운 친구라도

덥석 손을 잡고 끌어안지 못하고
주먹 쥐고 인사하고 거리를 둬야 하는 현실에
사람들의 외로움은 우울감으로
우울증으로 겪고 있으면서
함께 웃고, 웃으며 대화하던
그때를 그리워한다.
언제나 우리 만날 수 있을까?

마스크를 쓰고 말하려니
잘 못 알아듣게 되고, 힘겹다.
관공서에 가면 필요 이상의 큰 소리로 얘기하니
불쾌해서 묻는다.
"왜 그리 크게 얘기하시는데요?"
"아! 잘 못 알아들으셔서 그래요."
거의 화난 표정이다.
입술이 안 보이니 웃어도 눈웃음으로만 보여야 하니…

젊은 연인들은 끌어안고 걷고 등을 토닥이며 걸으면서
우리는 사랑하는 사이 '아그리나'라고 얘기하지만…
전화로만 안부를 묻고 근황을 얘기하는
노년층은 몹시 외로워한다.

코로나에 걸려 일주일 만에
하늘로 돌아간 남편을 그리워하며
한 여인은 이렇게 말한다.

"살아 있을 때, 사랑한 때보다
미워서 몹시 미워서 힘겨워했어요.
그런데 이렇게 가고 나니
못해 준 것만 생각나요.
주름살이 많이 늘어나도
내 얼굴 주름살만 안타까워했고
검버섯이 늘어나도

내 얼굴의 기미만 안타까워했고
나만 챙겼어요.
아프다고 하면 병원에 가라 했고
많은 연금 타면서도 지갑을 안 여는
그이에게 구두쇠라 했고…
나는 이제 외로움과 어떻게 친해져야 할까요?"

자연을 학대했지만 우리 인간은
자연을 이길 수 없듯이 절대로!
우리의 '사랑'은 외로움과의 싸움에서
이길 수 있는 유일한 '다리'라고 생각합니다.
불교에서는 다리를 건너가야 하는 사람에게
돌다리라도 놓아 주는 사람이
가장 큰 자비, 덕을 베푸는 것이라 한답니다.
저쪽으로 건너가야 하는 개울가에서
손수 돌로 징검다리를 놓아 주는 사람

그런 사람이 되어야 함에도
늘 남의 험담, 저주로 다리를 없애는 사람은
과연 사랑하는 사람이 곁에 있을까요?
사랑하는 사람에게 가는 다리를 놓으며
이 코로나시대를 건너간다면
그는 외로움을 쫓아내고
'아그리나! 사랑하는 우리 사이'를
자기 간판으로 삼아 아름답게 살아가지 않을까요?
그녀에게 이렇게 말하자 그녀는
눈물을 흘리며 고개를 끄덕인다.

아이들도 사랑받게 해야 더 예쁘듯
나이 든 사람들은 입만 열면
꽃향기가 나오고
칭찬하는 다리를 만드는
손이 되어 노년을 산다면

외로움이라는 힘겨운 존재는 사라지고
우아하고, 향기로운 세월을
엮어 갈 수 있다고 믿는다.
늙으신 할머니가 늘상 입만 열면
남의 약점만 들추어 코로나보다
더 무서운 바이러스를 퍼뜨린다면
마스크로도 막기 어려울 터.
애정결핍인 그 노인에게
더 많은 '사랑'을 다리 놓아 주고
처방전을 써 드릴 수밖에 없을 듯하다.

'아그리나!'
사악한 당신도 사랑합니다.
원수도 사랑합니다.
입만 열면 남의 눈 티끌 하나 흉보며
자기 눈 티끌 만 개를 보지 못하고

세상 떠나 하늘나라 갈 때
준비 하나도 하지 않고
남을 괴롭히고, 고소하고
사랑을 모르는 사람이여!
사랑을 하시라.
덮어 주고, 안아 주고
감싸 주고, 칭찬해 보시라.
다 떠난 사람들
다시 돌아오리라.

'아그리나!'
우리는 사랑하는 사이!
깊이 생각하면 기쁨이 되고
사랑을 많이 베풀면
경주 최 부자 같은
품격 있는 부자가 될 것이다.

남의 험담으로 세월을 보낸 사람이여!
그대가 제일로 초라하고, 가엾다.
눈물이 날 정도로 불쌍하다.

검은 고양이 향기

나는 검은색에 흰 점이 있는 고양이 '향기'랍니다.
사람들은 나만 보면,
아유! 예쁘다! 너무 예쁘다.
특히 예쁜 언니들이 야단입니다.
나는 산이 있고, 고속도로가 보이는
역(驛) 근처 아파트로 와서 엄마와 함께 살고 있어요.
엄마는 착한 사람들이 챙겨 주는 사료와 물로 우리를 키우는데
동생은 벌써 무지개다리 건너갔고 나만 남았습니다.
그런데 나를 유난히 좋아하는 언니가
학교에서 돌아와 벤치에 앉아 쉬면
내가 다가가 언니 다리를 부비며 야옹! 야옹 하면
언니가 새우과자를 가방에서 꺼내 주곤 합니다.
아파트 그 누구도 나를 혐오하지 않고 예뻐해 주지만…
'설'이라는 강아지도, '햇살'이라는 약간 늙었지만
아름답고 조용한 강아지 언니도 다 좋지만…
이 동네가 점점 싫어지는 까닭이 있답니다.

뭐냐고요?

이 동네에는 영양이 필요하고

몸보신해야 하는 사람들이 찾아오는 음식점이 있어요.

그곳을 지날 때면 나는 으레 눈물이 납니다.

언젠가 강아지 우는 소리가 들렸는데…

그 후로 안 보이는 내 친구가 그리워서요.

왜 사람들은 그 예쁜 강아지들을 때리고

몸보신한다고 음식으로 먹기도 하는지

몹시 슬프답니다.

다른 나라에서는

귀여운 강아지도 먹는다며 비웃는다는데…

이 동네를 떠나

어디로 가야 할까요?

그런 음식점이 없는 곳으로 가야겠다며

엄마는 나를 안아 줍니다.

차도 위험하지만 추운 겨울에는

차 밑으로 가서 잠을 자거든요.
우리는 사람들을 해치지 않고 사랑하는데
왜 우리는 이렇게 피해 다니며 사는 길냥이가 되었을까요?
길냥이에게 먹이와 잠자리를 주는
사람들이 있어 그래도 살 만합니다.
아마도 이제 강아지를 먹는 나라라는
소문은 없어지겠지요?
달이 밝습니다.
내일은 고상한 아주머니가
참치를 접시에 담아 주실 거예요.
이제 자야겠습니다. 굿나잇!

| 후기 |

사람들은 꽃길을 걷기가 좋다고들 하지만…
뒤돌아보면 나는 꽃길보다 사막을 걸어온 듯해 아득하다.
많은 꽃이 있지만 시베리아에서 발견된 꽃, '실레네 스테노 필라'라는
꽃은 패랭이 과로 얼음 속에 씨앗이 묻혀 3만 2천 년을 보내다가
최근 연구자들의 도움으로 꽃을 피웠다고 한다.
나는 과연 한 송이 꽃이라도 피운 적이 있었던가?
없는 듯하다.
남은 세월 사막에서라도
한 송이 꽃을 꼭 피워 내리라 결심하며
이 선물을 착한 이들에게 바친다.
착한 사람이 꽃이다.